LA MITRONÉIDE

OU

MÉMOIRE

SUR LA PROFESSION DE BOULANGER A PARIS,

CONTENANT

L'exposé des motifs qui ont fait naître la collision qui a existé entre les maîtres et les ouvriers de cette profession, en Octobre et Novembre 1833.

POÉSIE EMPATÉE EN DIX CHANTS,

DIVISÉE AINSI QU'IL SUIT :

1er HOMMAGE A LA VÉRITÉ.
2e LE MONOPOLE.
3e LES MÉTAMORPHOSES.
4e LES MARTYRS.
5e LA TRAITE DES BLANCS.
6e LE MONT-PARNASSE.
7e LA DÉCEPTION.
8e L'EFFERVESCENCE.
9e LE COUP DE FILET.
10e LA SOLUTION.

RÉDIGÉ, MIS EN VERS ET PUBLIÉ

PAR P. C. FOURNIER (DE SOISSONS),

ANCIEN BOULANGER.

Soyez plutôt maçon si c'est votre métier.

BOILEAU.

PRIX : **1 FR. 50 C.**

PARIS,

SE TROUVE :

CHEZ L'AUTEUR, rue Boucherat, N° 18.
Et chez les principaux Libraires du Palais-Royal.

1834.

AVERTISSEMENT.

Ancien garçon boulanger, personne mieux que moi, peut-être, n'est à même d'apprécier l'étendue de la plaie qui ronge ce corps d'état, et les causes qui ont amené les ouvriers de cette profession sur les bancs de la police correctionnelle. Accusé d'avoir participé à leur coalition comme chef ou moteur, condamné pour ce fait, après *soixante et dix jours de prévention*, à un mois de prison, j'ái employé les loisirs de ma captivité à retracer les circonstances qui ont précédé, accompagné et suivi les faits qu'on leur reproche.

Sans autre guide que ma conscience, j'ai blâmé ce que je croyais blâmable, j'ai soutenu ce qui me semblait juste; heureux si cette production de mon simple bon sens peut amener, pour résultat, une amélioration dans le sort d'une classe à laquelle je suis fier d'avoir appartenu, et qui méritait peut-être un peu moins de rigueur.

De ce noble dessein si je n'obtiens le prix,
J'aurai du moins l'honneur de l'avoir entrepris.

CHANT Iᵉʳ.

Assez et trop long-temps a triomphé la ruse,
Le droit veut éclairer les mortels qu'elle abuse ;
La vérité s'éveille, et le fourbe aux abois
Doit tomber de stupeur aux accens de sa voix ;
Son langage est si pur que, sans art, sans génie ,
Elle détruit soudain l'affreuse calomnie.
Ses discours sont naïfs, toujours pleins de vigueur ;
Mais qui veut la trahir éprouve sa rigueur.
Sa beauté, sa candeur habitent sous le chaume ;
Son empire n'est point près du chef d'un royaume ;
Elle abhorre l'intrigue et tous ces plats valets
Qui souillent d'imposture et salons et palais ,
Et trouve un faux patent lorsqu'un monarque prône
Qu'il la voit arriver jusqu'aux pieds de son trône.
A-t-elle plus d'attraits au temple de Thémis ?
Hélas ! maints apostats au scandale soumis ,
En prêtant leur serment sur honneur et conscience ,
De l'horreur du mensonge établissent la science ,
Et sauvent, par le gain, de riches criminels
Pour mieux livrer le pauvre aux tourmens éternels.
Quel est ce talisman qui , sur l'espèce humaine,
A produit tant d'effet et fait naître la haine ?
Le vil éclat de l'or qui sait faire en tout lieu ,
De l'audace une idole, et du trafic un dieu.
C'est assez dérouler le tableau du parjure,
La pudeur s'en alarme et déteste l'injure ;
Jamais la vérité ne verra son tombeau.
Défenseur de ses droits, guidé par son flambeau ,
Je crains peu des trompeurs l'affreuse jalousie ,
Et dirai fermement même à l'hypocrisie :

Fuyez, couple infernal qui causez tant d'effroi,
Redoutez mon courroux ! votre ennemi... c'est moi ;
Je saurai découvrir, jusqu'en vos solitudes,
Vos lâches attentats, vos noires turpitudes,
Et la main sur le cœur, près de la liberté,
Tous mes accens seront ceux de la vérité.
Je dirai sans trembler la conduite du lâche
Qui couvre notre état d'une effrayante tache ;
Et pour le découvrir dans son hideux séjour,
J'exhorterai la honte à le mettre au grand jour.
D'un maître raisonnable et qui fut toujours juste,
Je veux faire admirer la conscience auguste,
Afin qu'un novateur, en se guidant sur lui,
N'augmente pas son or avec le bien d'autrui.
Je veux du turbulent qui commença ce drame,
Démontrer les travers de son odieuse trame,
Et soit de loyauté, d'injustice ou de vol,
Mon goût est de parler tout comme a fait Saint-Paul.
Je saurai faire au bien sa douce apologie,
Et, détestant le mal, fuir la démagogie,
Démasquer les abus, les fouler en tous sens....
Mais ne point m'avilir par un servile encens.
Aux lois de la raison asservissant ma rime,
Je ne dois point cacher ni l'erreur, ni le crime,
Et, maigre historien, ma seule ambition
Est de citer les faits sans préparation ;
Car sur la poésie, élève de moi-même,
La nature en m'aidant m'a défendu l'emblème ;
Ecoutant ses leçons, c'est avec équité
Que je dois peindre ici la franche vérité.

CHANT II.

Les Monopoles.

Enfans du privilége, amis des monopoles,
Vos droits me font pitié, j'en hausse les épaules ;
Quoi ! c'est sous leur empire, en tout lieu détesté,
Que maints adulateurs nous parlent d'équité !
Quoi ! c'est par de tels gens faits d'un pareil calibre
Qu'on viendra me prôner que le français est *libre !*
Non ! jamais leurs discours ne pourront, sans danger,
Prouver que tel ou tel peut être *boulanger !*
Il faut la connaissance, il faut de la pratique...
Le talent ne gît pas à tenir la boutique :
Il faut savoir guider de pénibles travaux,
Tant pour le bien public que contre ses rivaux...
Celui qui les ignore et n'en connaît l'usage
Peut voir dans l'avenir un sinistre présage,
Et bientôt dans sa chûte, entraîner avec lui
Toute la confiance et les bienfaits d'autrui.
N'est-il pas plus légal de voir la concurrence
Rendre à ce bel état sa noble confiance,
Et donner aux humains un pain jadis exquis,
Fruit d'un apprentissage et d'un talent acquis ?
Sans voir comme aujourd'hui ce pain cuit à la hâte,
Pour gagner sur le poids quelques morceaux de pâte !
Sans voir tout artisan se nourrir d'un graillon,
En mettant ce mastic nager dans son bouillon !..
C'est ici qu'un concours, devenant nécessaire,
Suspendrait, sur ce point, l'emploi du commissaire ;
Qu'un garçon boulanger, sans avoir un trésor,
En travaillant pour lui, prendrait un bel essor !
Que, jaloux de l'honneur, il fournirait pour plaire
Le poids, la qualité qui peuvent satisfaire,

Et son nom respecté, sans paraître au journal,
Ne serait point flétri devant un tribunal.
Que résulte-t-il donc de ce nouveau système ?
Que l'ouvrier chagrin lui porte le blasphème,
Puisqu'il ne peut avoir, par le gain de ses bras,
Des fonds pour s'établir et sortir d'embarras.
Toujours être ouvrier, toujours avoir un maître !
Perspective affligeante et qu'on ne peut connaître,
Eveillant le dépit, la douleur, le dégoût,
Qui ne désertent pas tant que l'homme est debout.
Pouvons-nous sans dédain voir l'homme exploiter l'homme
Et distiller la sueur de l'honnête économe !
Quoi ! par le vil accent d'un procédé brutal
On réduit l'ouvrier au sort le plus fatal !
Comment ! l'humanité tombe-t-elle en folie
Pour propager ainsi l'absurde anomalie !
De l'esclavage enfin qui pourra s'échapper,
Si l'avare bourru nous condamne à ramper?
Hélas ! il faut y croire et supposer encore
Que nous sommes déjà la secte qu'on abhorre,
Puisque pour demander ce que veut la raison
On nous met à la porte et parfois en prison.
Quel garçon, de son gain, peut, dans cette partie,
Déposer *quinze sacs* comme une garantie,
Soixante ou *cent* chez lui, qu'il ne doit pas toucher
Sans qu'un remplacement sache tout reboucher?
Et pour l'achat d'un fonds, ajoutez-en le double,
Puis les nombreux crédits qui vous causent du trouble,
Vous aurez l'aperçu des petits aux plus grands,
Qu'il faut pour s'établir près de *cent mille francs.*
De six cents boulangers, s'il en existait douze,
Le droit serait moins fier, la raison moins jalouse,
Et maints couples unis, loin d'être dépendans,
Goûteraient du bonheur les heureux précédens.

CHANT III.

Les Métamorphoses.

Pour chasser le dégoût qui dans mon cœur circule,
Avorton de Boileau, frappons le ridicule,
Et rions de l'orgueil de ces marchands de pain,
Se disant boulangers par l'ordre du destin.
Devraient-ils, en effet, étaler tant de faste
Quand leur état au mien fait un si grand contraste !
Verra-t-on, de sang froid, cet arrogant *commis*
Dénigrer l'ouvrier que son or a soumis !
Ce *menuisier* infirme et ce *clerc de notaire*,
Expulser la raison qui réclame un salaire ;
D'insolens *cordonniers*, les dégoûtans caquets,
Qui puisent leur science au fond de leurs baquets ;
L'alène et le tranchet leur étant insipides,
Ils sont venus vers nous comme des intrépides,
Et font les connaisseurs, s'il s'agit de levain,
Lorsqu'on leur voit encor astic et poix en main !
Et ce fier *savetier* né pour fouler la crotte,
Qui, pour un grand panier sut échanger sa hotte ;
Enfin, tous ces intrus qui forment bande à part,
Se suffisant entre eux, n'ont besoin nulle part.
Leur faut-il *perruquier*, *maçon*, *apothicaire*,
Soit *Courrier*, *vigneron*, *tisserand* ou *libraire*,
Epiciers, *inspecteur*, *meûniers* et *porteurs d'eau*,
Miroitier, *chapelier* dans un genre nouveau ?
Tous ces corps de métier grossissent la boulange...
Et c'est de leur côté que le pouvoir se range !
Ajoutez avec eux certain *marchand de bas*
Ou *marchand de moutons*, *faiseur de cervelas*,
Ferblantier, *laboureur* et *marchand de farine* ;
Autre, *marchand de vin*, *élève en médecine*,

Enfin, *vétérinaire* et rustre *chaudronnier;*
Cela n'est qu'une esquisse au plan de ce métier;
De ces différens corps l'extrême différence
Commande le dédain et non la déférence;
Car notre état au leur change bien le savoir,
Et de les comparer je me fais un devoir.
Esculape ou serpent, *élève en médecine,*
Qu'importe des trois noms celui qui m'assassine,
Tu crois savoir tâter un levain ou le pouls!
Désabuse-toi donc, pauvre homme!... je t'absous.
Perruquier furibond, comme la Barbe-Bleue,
Tu fais trembler les gens pour leur faire la queue,
Et nos marchands de pain craindraient plus le préfet
Si tu manquais un jour de soigner leur toupet.
Cordonniers, savetiers, vos vieilles formes veuves
Ont-elles dit pour nous qu'il en fallait des neuves?
Et qu'en nous allongeant ainsi que votre cuir,
Vous sauriez d'un bon pain ce qu'il faut pour le cuir?
Charcutier emballeur, la graisse de l'andouille,
En infectant tes mains a grossi ta bredouille,
Et par un vil orgueil, qu'éclipsent des torchons,
Tu prétends nous saigner ainsi que tes cochons!
Et toi, *clerc de notaire,* inspirateur du pacte
Qui nous rend malheureux, déchire au moins ton acte,
Car ton érudition, ton perfide conseil
Te rendent à nos yeux le spectre sans pareil.
Miroitier qui, jadis trafiquais sur les glaces,
Tu suivais leur tarif...; mais non celui des places,
Aussi chaque ouvrier a vu dans tes miroirs,
La glace où la justice observe tes devoirs.
Postillon de Calais qui fis fortune en poste,
Je te vois la grossir en prenant notre poste;
Mais si pour tes écus ont péri vingt chevaux,
Faut-il que l'homme aussi périsse à tes travaux?
Ouvrier de Bacchus qui travaillais la vigne
De ce dieu tant aimé pourquoi te rendre indigne?

Hélas ! je le vois bien, en chétif oripeau ;
Plutus gagna ton cœur et tu pris son drapeau ;
Fier *commis* orateur, pour faire une harangue
On connait l'art brillant que possède ta langue ;
Mais ton genre emphatique, un peu trop exalté,
A la fin d'un discours, te rend tout hébété :
Un *libraire* qui croit qu'on peut dire analogue,
Entre un registre à pain et certain catalogue ;
Que Voltaire et Rousseau, Molière et Turlupin,
Vont sur le coffre à braise ou sur la planche au pain.
Et ce diable boiteux, ami du pot-à-colle,
Qui se rend, par instinct, boulanger de bricolle,
Se croit-il du talent à connaître un beau pain,
Parce qu'il a su faire un cercueil en sapin ?
Toi, TRAÎTRE *apothicaire*, enfant de la canule,
Faut-il donc en farine, avaler ta pilule,
Et n'est-il pas prouvé, par l'emploi de tes mains,
Quelles sont les frayeurs que tu fais aux humains ?
Habile *tisserand*, pour ourdir une trame,
A bien guider le fil qui ne connait ton âme,
Rusé dans tes apprêts, ta chaîne s'alourdit,
Et sur ton gain brillant chacun reste interdit.
Et vous, meûniers à vent, près voisins du tonnerre,
Ce fut chez vous, dit-on, que Christ parut sur terre,
Où, pour remercier votre langue de miel,
Vous pria de voler (1) avec lui jusqu'au ciel.
Avares *porteurs d'eau* qui donniez des coliques,
Lorsqu'on nous payait mieux étions-nous vos pratiques ?

(1) Une vieille anecdote raconte que Jésus-Chrit étant un jour descendu
du ciel, s'arrêta pour se reposer sur le bout de l'aile d'un moulin-à-vent,
situé au sommet de la plus haute montagne ; le meûnier lui fit un si bon accueil, que Dieu lui demanda ce qu'il désirait le mieux ; il lui répondit : Sei-
gneur, l'honneur, en retournant au ciel, de me visiter de nouveau ; en effet, Jésus-Christ trouvant le chemin commode, repartit en s'appuyant sur
l'aile du moulin. Mon Dieu, dit le meûnier, que ferai-je pour vous suivre ?
Voler, meûnier, lui répondit Jésus.

En restreignant nos prix vous pensez, mais en vain,
Nous vendre un plat liquide et nous priver de vin.
Epiciers fulminans qui vendiez de la drogue,
Votre pain qui l'imite a-t-il meilleure vogue ?
Et pour mieux débiter cette drogue aux brouillons
Vous pouvez en tout temps servir d'échantillons.
Inspecteur de l'armée, en exploitant les vivres,
Si, *parfois*, de ton vin nos soldats furent ivres,
En livrant de la pâte au lieu de vache ou bœuf,
Crois tu donc qu'un *zéro* pour toi se change en *neuf ?*
Et toi, *marchand de bas*, qui chaussais le cothurne,
Pour nous, vers le destin, as-tu fouillé dans l'urne ?
Et le sort en couroux te fit-il l'instrument
Du mal qui nous arrive et fait notre tourment ?
Chapelier ignorant, retourne à ta chaudière
Ton langage est connu dans mainte pétaudière,
Oui ! comme tes chapeaux tu prétends nous fouler
En espérant, plus tard, pouvoir nous emballer.
D'où te vient cet orgueil, ex-*marchand de farine ?*
Du petit boulanger dont tu vois la ruine ;
Perdu par le crédit, lorsqu'il est sans secours,
Tu l'écrases par l'or qui te sert pour le cours.
Toi, *marchand de moutons* et de brebis galleuses,
Tu sus grossir ton lot par des raisons trompeuses,
Et prenant les garçons pour tes anciens troupeaux,
Non maître de leur chair, tu veux avoir leurs peaux.
Marchand de vin adroit, grand faiseur de mélanges,
Sur le vin, la farine, on te doit des louanges ;
Mais, commerçant le vin, c'est ton mélange impur
Qui te força, par peur, d'en faire un bien plus sûr.
Ferblantier, du silence et point de balivernes,
Pour voir à la boulange il te faut des lanternes ;
Car ton génie, étroit en esprit peu profond,
Ne pourra, sur le pain, t'éclairer jusqu'au fond.
Et ce *vétérinaire*, en usant sa lancette,
Qui fit couler le sang pour enfler sa recette !

Hélas ! son ineptie à mettre des sétons
Lui fit, laissant la trousse, user des bannetons.
Rustres *cultivateurs*, reprenez la charrue,
Vous seriez mieux aux champs qu'à parcourir la rue.
Quoi ! ne travaillant plus, vous trouvez à propos
De gagner sur nos bras pour mieux vivre en repos !
Espiègle *chaudronnier*, tu sus changer de rôle
Pour ne plus étamer fourchette et casserole,
Mais en vendant ton pain, te croit-on bien moins fou
Qu'au temps où tu mettais la pièce auprès du trou ?
Ce goujat de *maçon* qui, laissant chaux et plâtre,
Croit guérir le métier en lui servant d'emplâtre ;
Sans doute, en ses habits c'est toujours la blancheur,
Mais pour pâte ou mortier, c'est toujours un gâcheur.
Je n'en finirais pas , s'il fallait, à la piste,
Suivre chaque métier qui grossit notre liste ;
Il serait superflu d'augmenter ce détail,
Et laissons ce troupeau rentrer dans son bercail.
Dois-je encor vous parler de la grande ignorance
Qui frappa de revers notre douce espérance ?
Oh ! non. De la satire, en ses coups meurtriers,
Arrêtons les clameurs !..... parlons des ouvriers.
S'agit-il de prouver la triste perspective
Qui, dans ce corps d'état, chaque jour nous captive ?
Héritiers de nos droits, les marchands boulangers,
Au mal de nos travaux demeurent étrangers ;
Ils ont beau pérorer, s'emporter à l'extrême,
On ne sait un métier qu'en l'ayant fait soi-même ;
Aussi le maître, ancien élève du métier,
Plus juste dans son prix, sait nous apprécier ;
Et, bien loin d'applaudir à leur sotte arrogance,
Il plaint tout comme nous notre état de souffrance,
Et son plus vif desir, sur nos calamités,
Serait de voir la fin de leurs rigidités.
Qui n'est pas boulanger peut-il, sur un acide,
Gouverner avec art le degré du fluide ?

Exciter dans le froid la fermentation,
Ou couper, s'il fait chaud, l'évaporation ?
Pourrait-il, sans génie, arrêter du tonnerre
L'effet terrible et prompt d'un gaz trop délétère ?
Non, certes, non, jamais ; cependant leur humeur,
Si tout n'est au parfait, se change en ton d'aigreur,
Et d'un brusque moyen , qui succède à l'orage ,
Pour payer votre soin vous retirent l'ouvrage.
Ah ! qu'il serait plus juste et pour eux et pour nous
Si la raison chassait leur insigne courroux !
Arbitres de nos maux, sachant ce qu'il faut faire,
Chacun vivrait en paix, exempt de l'arbitraire ;
Mais, négligeant ce soin, nous dirons sans quartier :
Soyez plutôt maçon si c'est votre métier.

CHANT IV.

Les Martyrs.

O vous qui chaque jour trouvez sur votre table
L'aliment le plus sain et le plus délectable,
Avez-vous jamais su, jamais apprécié
Le pénible esclavage où chaque homme est lié ?
Quand vous mangez du pain, connaissez-vous la peine
Qu'éprouve l'ouvrier à l'état qui l'enchaîne ?
Savez-vous ce que c'est que de passer les nuits,
Ou d'être, sans travail, rongé par les ennuis ?
Non ! vos discours n'ont pas traité cette matière,
Mais je veux, par devoir, l'expliquer tout entière,
Afin que mon récit vous fasse consentir
Qu'un garçon boulanger, sur terre, est un martyr.

Voyons ce qui se passe en nos tristes demeures,
Aux approches du soir, et lorsqu'il est cinq heures ;
Couché sur un grabat, on nous crie avec soin :
Eh ! l'aide ! allons, debout ! au levain de tout point.
A peine est-il fini, qu'ensuite à la gargotte
Nous mangeons pour six sols de ragoût ou giblotte,
(Car salade et rôti passerait notre gain);
On ajoute pourtant demi-setier de vin,
Et si quelque bourgeois avait moins de rapine,
Sans excès, sans dégoût, on boirait sa chopine ;
Mais en revanche on peut garnir son estomac,
En bourrant une pipe et fumant le tabac,
Et tandis qu'elle brûle on doit, avec courage,
Apprêter ce qu'il faut pour commencer l'ouvrage.
A peine est-elle éteinte, il faut se mettre en train,
Brasser six ou huit cents en fournée et levain ;
Quand la pâte est pétrie, à l'instant on s'élance
Sur les poids et fléaux pour mettre la balance,
Et promptement on pèse....., Ah ! c'est avec regret
Que je vous tais ici ce moment de secret !.....
Aussitôt cette tâche, en sueur trop féconde,
On se met, au plus vîte, à pétrir la seconde,
Et, poussé par le gindre, on l'entend à son tour
Crier à l'aide : Habile ! il faut donner au four.
La balance reprend ; quoiqu'on soit tout en nage
On est toujours pressé, car un nouvel usage,
Inventé par calcul, qui prescrit de grands soins,
Accorde à la cuisson *dix minutes de moins.*
Par ce temps retranché tout marche à la minute,
Et la vivacité, pour soutenir la lutte,
A contraint l'ouvrier qui travaille au pétrin,
De suer sang et eau du soir jusqu'au matin,
Quand survient le moment de la painasserie,
Pour que tout aille mieux, parfois on s'injurie ;
Mais il faut avant tout, étant presqu'étouffé,
Renforcer, bassiner flûte ou pain à café,

Peser, tourner, courir, réveiller qui se vautre,
Puisque ce travail veut qu'on veille l'un sur l'autre,
Et trop heureux encor si cette assiduité
Vous procure du maître un regard de bonté.
Le gindre est-il mieux ? Non ; dans une fosse étroite,
Le feu du four en face ; à sa gauche, à sa droite,
Celui de la chaudière et d'un grand étouffoir,
Sur son corps font l'effet du plus ardent chauffoir.
Fendre et scier du bois, pousser de la farine,
Tourner, ranger le pain et manier la bassine
Pour faire chauffer l'eau, mettre le pain au four,
Et ne pas respirer de la nuit jusqu'au jour ;
Du grand froid, du grand chaud subissant les extrêmes,
Pour gagner peu d'argent ils sont bourreaux d'eux-mêmes,
Car, au printemps de l'âge, en suivant ce travail,
De leurs jours malheureux se termine le bail.
Mais, dira-t-on, encor, tous travaux sont pénibles,
Et les rustres des champs n'y sont point insensibles ;
Oui, c'est vrai ! mais ici quel tableau différent !
Essayons de montrer son hideux transparent.
Le villageois respire un air pur et suave,
L'autre est empoisonné dans le fond d'une cave ;
Il s'éveille, il s'endort au chant du gai cri-cri.
Quand le rustre est en paix au sein d'un champ fleuri,
Evite le soleil sous l'ombrage d'un hêtre,
Tandis qu'un boulanger dort au sein du salpêtre,
Où, pendant son sommeil, le chaud, l'humidité
Travaillent sans relâche à ruiner sa santé.
Souvent près de son lit existe une latrine,
Il attrape ou jaunisse ou fluxion de poitrine,
Et les maux enfantés contre le genre humain,
Semblent, contre ses jours, s'entredonner la main.
Pour se désaltérer de la soif qui l'obsède,
L'eau qu'il boit est épaisse et presque toujours tiède,
Elle perd son courage et produit à son corps
La colique au dedans et la fièvre au dehors.

Le Villageois, du moins, d'une eau limpide et pure
Se rafraîchit toujours de celle qui murmure,
Et sur l'herbe fleurie au pied d'un arbrisseau,
Se rafraîchit le sang du cristal d'un ruisseau.
Qu'un boulanger s'éveille, il ne voit que la peine,
Ses yeux ont pour aspect la laideur souterraine,
Des murs noirs et cintrés le filtre dégoûtant,
Et de son laid grabat le coup-d'œil rebutant ;
Mais le pasteur couché sur un lit de verdure
Qui jette ses regards sur toute la nature,
Est cent fois plus heureux, voyant des fruits, des fleurs,
Que ce pauvre captif en proie à ses douleurs.
Si l'excès du travail brise le corps de l'homme,
C'est dans un lieu malsain que ce travail l'assomme ;
D'un air bitumineux souvent pestilentiel,
S'il ne fuit promptement... (c'est ici l'essentiel)
La maladie arrive, et, sans avoir d'avances,
Il faut quitter l'ouvrage, accablé de souffrances.
Le gain est si petit, qu'en son destin fatal,
En quittant la boutique il n'a que l'hôpital,
Et c'est là que la mort sans aucune barrière
Avec très-peu d'efforts termine sa carrière,
Sans qu'il ait près de lui, descendant au cercueil,
Des amis, des parens qui révèrent son deuil ;
Mais combien ont subi cette œuvre expiatoire ?
Sur le nombre infini faites un compulsoire ,
Vous en serez frappé : l'énumération ,
En me glaçant d'effroi, fait mon affliction.
Hélas ! s'ils étaient nés sous de plus doux auspices,
Devraient-ils recourir aux secours des hospices ?
Non, le métier rougit... Les malades ou morts
Doivent à maint bourgeois causer de grands remords.
De trente à quarante ans que font ceux qui résistent ?
Du métier qu'ils ont fait il faut qu'ils se désistent ;
Peut-être croyez-vous que leurs noms respectés,
Se présentant partout, seront vite acceptés.

Hélas ! détrompez-vous ; des bourgeois trop injustes
Disent qu'ils ne sont plus assez forts ni robustes ;
Qu'un jeune homme a toujours plus de force et d'ardeur,
Et que leur intérêt exige la vigueur.
Que faire en pareil cas ? se livrer au suicide
Lorsqu'on est remplacé par un nouvel Alcide ?
Ou de maint camarade implorer le secours,
Lorsqu'à ses bras encor on peut avoir recours ?
Au public abusé peindra-t-on sa détresse ?
La honte qu'on éprouve et le besoin qui presse ?
Inutiles efforts n'étant plus de saison !
Le bourgeois eût-il tort.... il a cent fois raison ;
Mais en cette occurence on peut changer son être,
Prendre un autre métier ou marcher à Bicêtre,
Et chez nous c'est bonheur pour la caducité,
Si l'on meurt au dépôt de la mendicité.
C'est en vain qu'un bourgeois, d'un air de bonhomie,
Viendra nous reprocher trop peu d'économie ;
Il sait bien, dans son cœur, que notre rude emploi
N'est plus, comme jadis, payé de bonne foi ;
Que pour s'alimenter et nourrir sa famille ,
L'ouvrier est forcé de traîner la guenille;
Heureux qu'il est cent fois, s'il peut rendre content
Le mortel qui l'oblige et qu'il paie comptant.
Pour que leur position devienne un peu meilleure,
Comme tout autre état, qu'on estime chaque heure,
Quand le travail les met sans dessus et dessous,
Serait-ce trop gagner que de payer huit sous ?
Qu'importe que l'on fît tant et plus de fournées,
Plus ou moins de cuisson fixerait les journées,
Et le garçon, plus gai, travaillant avec goût ,
De tout son embarras pourrait venir à bout.
Il est certain que si, devenant plus sensibles,
Quelques marchands de pain étaient plus accessibles,
Les garçons, à leur tour, deviendraient plus joyeux,
Travailleraient contens et pourraient vivre vieux.

CHANT V.

La Traite des Blancs.

J'arrive enfin à vous, hommes plats et cupides,
Il est temps de montrer vos faits liberticides.
Par l'esprit de vos lois , sages législateurs,
Vous avez arrêté ces grands spéculateurs
Qui, par un vil trafic , fait sur l'espèce humaine,
Ont enchaîné les noirs pour grossir leur domaine ;
Mais vous ne pensiez pas que des hommes peu francs
Oseraient dans Paris commercer sur les blancs,
Attaquons ces trompeurs d'une nouvelle espèce
Qui mettent l'esclavage au milieu de Lutèce,
Et publions sur eux les insignes travers
Qui frappent les garçons du plus grand des revers.
Sachez donc en ce jour quelle est la fière audace
D'un logeur effronté qui nous donne une place ;
Par quels moyens honteux il amasse de l'or,
Trompant les ouvriers qu'il persécute encor :
Un garçon boulanger arrivant de province ,
Espère en travaillant se vêtir comme un prince ,
Se monter en bijoux, retourner au pays ,
Et rendre à son aspect ses parens ébahis...
Hélas ! qu'il est trompé dans sa folle espérance !
C'est en vain qu'un placeur lui donne l'assurance
Que dans une boutique il entrera sous peu....
Mais la réalité ne remplit pas son vœu ;
En murmures soudain son impatience éclate,
C'est alors qu'il apprend qu'il doit graisser la *patte*
A ce cuistre éhonté , cupide et plein d'orgueil,
Qui, voyant ses écus, lui fait meilleur accueil ;
Le place en peu de jours, puis au bout de quinzaine,
En exigeant encor de francs une dizaine,

2

Après un déjeuner où vient briller Bacchus,
Le quitte, ayant de lui vingt francs ou dix écus.
Qui croirait qu'un placeur, changeant le titre d'homme,
Fait du pauvre ouvrier une bête de somme !
Que ce trop vil tyran, par raison ou par tort,
Vous place ou vous réduit au plus funeste sort ;
Qu'un garçon boulanger devient la marchandise,
Qu'il échange et fournit selon son entreprise ;
Et que, voyant parfois les maîtres, ses voisins,
Leur propose le choix dans ses grands magasins.
Ne vous étonnez pas ; ce récit peu sévère,
N'est que la vérité qu'avec soin je révère ;
Et puisqu'à tout citer l'ouvrage est entrepris,
Suivons ce mécréant si digne de mépris.
Un garçon, aussitôt son levain de première,
Des cieux pour mieux dormir doit cacher la lumière,
Préparer son grabat de poussière et de crin
Sur la motte du four ou dessus le pétrin.
C'est là, que d'un torchon qui pare sa figure
De la mauvaise odeur, de la crasse et d'ordure,
Il doit prendre un repos en ce lieu de bivouac,
En s'enfilant tout nu dans le fond d'un grand sac...
Oui ! tout nu comme un ver, sans draps ni couverture,
Sans pouvoir se bouger ni changer de posture,
Car en se remuant il tomberait en bas,
Et pourrait se blesser ou trouver le trépas !
Laissons-le reposer sur ces couches infectes,
Près des rats, des souris, et des milliers d'insectes,
Et tandis qu'au sommeil il va livrer son corps,
Voyons certain placeur lui trouver mille torts :
C'est du monopoleur de richesses avide,
Dont je veux expliquer la valeur intrépide :
Il saute de son lit lorsqu'à peine il fait jour
Et s'empresse à quitter son fortuné séjour ;
De son regard furtif frappant chaque boutique,
Pour boire le vin blanc il guette une pratique,

Et lorsqu'il l'aperçoit, prenant un air flatteur,
« Salut, dit-il, garçon, je suis ton serviteur !
» Je passe en ton quartier, est-ce toi qui régale ?
» Vite, dépêchons-nous, il faut que je détale... »
Et lorsqu'il a gobé quelques verres de vin,
Pour en trouver un autre il reprend son chemin.
Grugeant les ouvriers toute la matinée,
Ce ventru dévorant a soin, dans sa tournée,
Du pain bien ou mal fait d'inspecter la façon,
Pour revenir plus tard mépriser le garçon.
Méditateur habile et plein de jalousie,
Il trompe l'homme franc par son hypocrisie,
Attend qu'il soit couché, retourne à la maison,
Et séduit le bourgeois avec la trahison.
De ce fier délateur, écoutez le langage :
« Comment, dit-il, Monsieur, est-ce là de l'ouvrage ?
» Le garçon qui fait ça n'est pas ce qu'il vous faut ;
» Examinez donc bien ! voyez-vous le défaut ? »
L'autre, marchand de pain, ignorant et trop bête,
Pour découvrir le fait se casse en vain la tête ;
Comme il n'y connaît rien, à l'autre il donne droit,
Et l'ouvrier dès-lors doit quitter cet endroit.
Joyeux du changement, le bon placeur s'excuse,
Il prouve ses regrets faisant agir la ruse ;
L'intérêt du bourgeois en fait un furibond
Qui détruit l'ouvrier lorsqu'il le sait très-bon :
Et si le maître alors écoute sa parole,
En appaisant sa voix il prend un nouveau rôle ;
Mais si l'on croit le fond des récits par lui faits,
Il a d'autres garçons qui sont presque parfaits.
Que direz-vous enfin d'un monstre de la sorte,
Qui vous fait régaler et vous fait mettre en porte ?
Vous flatte le matin, vient vous perdre à midi....
Non ! jamais un mortel ne sera plus hardi.
Laissons ce délateur prodiguer le mensonge ;
Du garçon qui repose exposons le doux songe,

Et voyons, si tandis qu'on le nomme vaurien
Il sort des procédés de tout homme de bien ;
Il doit, il veut payer ; ce désir, dans son rêve,
A son esprit troublé ne laisse aucune trêve ;
Marchands de vin, traiteurs, qui l'ont alimenté,
Ce qu'il a mis en gage au Mont-de-Piété,
Les termes de loyers à son propriétaire,
Tous ceux dont le crédit l'a rendu tributaire,
Seront par lui payés s'il travaille longtemps,
Son honneur ne veut pas faire de mécontens.
Mais, ô fatalité ! les paroles d'un traître
Le font bientôt bannir de la maison du maître ;
Et tous ses créanciers le voyant sans emploi,
L'accusent de paresse ou de mauvaise foi.
C'est ainsi qu'un placeur, par un odieux outrage,
Prive un bon ouvrier de boutique et d'ouvrage,
Et le rend, par le fait d'un dégoûtant trafic,
La honte de lui-même et celle du public.
Ah ! quel tableau touchant que l'affreuse misère
Où se trouve un garçon qui n'a plus rien à faire !..
Il est au désespoir, et le fait est prouvé
Qu'il est privé de tout s'il est sur le pavé.
Croyez-vous qu'à ses maux ce placeur est sensible
Et qu'il lui parle encore avec un air paisible ?
Non ! désabusez-vous ; le cosaque du Don
Obtient plus aisément la faveur d'un pardon.
Est-il bien convaincu qu'on n'a plus rien en bourse ?
Qu'on est abandonné sans aucune ressource....
Il vous traite en forçat et vous met aux abois,
Vous privant de travaux pendant cinq ou six mois !
Et c'est ainsi, qu'en butte au mal qui le dévore,
Afin de travailler, chaque jour on l'implore ;
S'il y souscrit parfois, c'est à condition
Que le prix subira la diminution.
Voilà le résultat de ces traités mystiques
Qui gâtèrent les prix de beaucoup de boutiques,

En laissant aux garçons un triste souvenir,
Et l'aspect du malheur pour affreux avenir.
Eh! quoi, me dira-t-on, ami de la vengeance,
Vous frappez un peu fort sur cette maigre engeance;
Thémis interviendrait; à l'appui de ses lois
On verrait s'éclipser ces ignobles emplois!
Par deux fois, il est vrai, saisissant sa balance,
Elle a d'un vil trompeur abaissé la jactance;
Mais loin d'être puni par ses justes arrêts,
Il a, pour s'en moquer, fait de nouveaux apprêts,
Et pour mieux se venger d'un affront qui le blesse,
Et punir l'ouvrier en vexant sa faiblesse,
Il s'arroge le droit d'en faire son sujet,
Pour mieux réaliser son infâme projet.
Or, admirez le plan tracé par son audace!
Tout garçon boulanger entrant dans une place,
Devait à tout placeur présenter au besoin,
Un bon certificat qui constate avec soin
Qu'il leur avait payé son ancienne boutique,
Et souscrit volontiers a toute léur rubrique.
S'il venait à manquer de remplir ce devoir,
Il perdrait son travail pour n'en jamais avoir.
Déjà leur signature avait couvert ce pacte,
Où le *Sine quâ non* de ce dégoûtant acte
Prescrivait pour amende, à l'un de ces tyrans
De payer pour eux tous la somme de cent francs.
Pour trouver du repos, quelquefois dans l'année,
Un garçon met souvent un homme de journée;
Eh bien! sur ce travail, il fallait, à son tour,
Qu'un remplaçant payât vingt sous par chaque jour.
Déjà quatre placeurs, présidés par un lâche,
Avaient signé ce plan non loin de Saint-Eustache;
Et qui, sans le refus d'autres plus délicats,
Auraient vu triompher des projets aussi plats.
N'est-ce pas une horreur de voir de pareils cuistres
Gouverner par leurs mains de précieux registres,

Où sont inscrits les nons d'esclaves coufondus
Réduits à la misère et chaque jour véndus.
A divulguer leurs torts ma plainte est opportune ;
Il est temps d'arrêter l'élan de leur fortune ;
Car si l'effervescence a gagné les garçons
C'était pour s'affranchir d'aussi fortes rançons.

CHANT VI.

Le Mont-Parnasse.

'Suivant quelques rapports que jusqu'ici je crois,
Ce fut au mois d'obtobre, an mil huit cent trente-trois,
Que, par trop fatigués d'un pénible servage,
Les garçons ont voulu bannir leur esclavage ;
Avaient-ils droit ou tort ? ils avaient tous les deux ;
C'est ce que m'ont prouvé les détails faits par eux.
Aussitôt qu'il sagit de faire une réforme
On a souvent le droit, mais on manque à la forme ;
Alors on ne doit pas, sur un simple vouloir,
Détruire les abus quand on est sans savoir.
Ce fail peut entraîner dans un torrent d'abîmes,
En plongeant dans son sein de nombreuses victimes ;
Mais quand le mal est fait, on doit, pour s'en guérir,
Ne jamais l'aggraver pour chercher à périr.
De la boulangerie on a vu les entravès,
Et son corps accablé par trois blessures graves ;
D'abord c'est le coucher toujours dûr et malsain,
D'un placeur corrompu le plus frauduleux gain,

Le maître de ses prix diminuant les sommes,
Puis, aux travaux de trois, n'employer que deux hommes ;
Ce sont ces coups mortels, dont ce corps délirant
Tenta de se débattre, étant presqu'expirant.
Une sourde rumeur a frappé ses oreilles,
Il s'envole, au hasard, comme un essaim d'abeilles,
Et dans sa voix plaintive on démèle ces cris :
Je meurs si mes enfans ne quittent de Paris.
A ce cri de détresse, on vole au Mont-Parnasse
Où quinze cents garçons arrivent presqu'en masse ;
Et c'est là que, groupés au milieu d'un salon,
Pour guérir ce grand mal on choisit un félon,
Que fit ce dictateur redouté par sa force ?
Il sut les énivrer de sa trompeuse amorce,
Et soudain, en ces lieux, éteindre le flambeau
Qui devait les guider pour mieux fuir le tombeau
Il prétendit, dès-lors, qu'aucun garçon ne sorte
Pour les en empêcher, deux lurons à la porte
Etaient chargés par lui, de dire à l'ouvrier
Qu'il fallait, dès ce jour, cesser de travailler.
Ce moyen fit blâmer son arbitraire insigne,
Et sans scrupule alors on viola sa consigne ;
L'ouvrier rejoignit ses précieux travaux,
Et ce grand dictateur vit naître ses rivaux.
Usant de ce moyen, il prétendait qu'un maître
A son nouveau salaire aurait pu se soumettre,
Et, privé d'ouvriers, en refusant ce prix,
Lui laisser son ouvrage avec un vil mépris.
A l'instant ses rivaux, pour changer de système,
Proposent à leur tour, sans aucun stratagème,
D'adopter, sur-le-champ, par un moyen plus vif,
Une échelle de prix qu'on nommera tarif.
On l'adopte à l'instant, et de suite on l'imprime,
Afin de le remettre à celui qu'on opprime ;
Lui, craignant de manquer à ce nouveau pouvoir,
Exécute cet ordre..... et manque à son devoir.

On conçoit aisément que, dans maintes boutiques,
Il fallait des raisons beaucoup plus pacifiques,
Car on doit convenir que chez certain bourgeois,
L'on est autant payé qu'on l'était autrefois.
Il ne s'agissait pas de prodiguer l'insulte,
De faire du scandale et même du tumulte;
Il fallait délaisser, avec précaution,
Tous les grands amateurs de diminution :
C'est ce qu'on ne fit pas; un moment d'allégresse
Vit troubler des cerveaux éblouis par l'ivresse,
Qui, sans mettre de frein à leurs ressentimens,
Affichaient en public de grands égaremens.
Pardonnons à l'erreur ainsi qu'à l'ignorance,
Les malheureux écarts commis par l'imprudence,
Et tandis que leurs yeux se couvraient d'un bandeau,
Démasquons les moteurs cachés sous le rideau.
Que faisaient-ils alors ? amateurs du désordre,
Et suivant, pas à pas, ceux qu'ils voulaient retordre,
Ils trompaient leurs amis, les conduisant au mal,
Pour les abandonner au sort le plus fatal.
« Allez (leur disaient-ils) de boutique en boutique,
» Déposer ce tarif en usant de rubrique,
» Et tâchez qu'un garçon, de ce soir à demain,
» Par tout moyen possible, ait ce tarif en main ;
» Dites-leur bien surtout qu'il faut cesser l'ouvrage
» Si le bourgeois refuse à payer davantage,
» Et que toute brigade, essuyant ce refus,
» Lui demande son compte et ne travaille plus.
» Si le hasard voulait qu'en faisant votre route
» Vous trouviez de ces gens que l'intrigant redoute,
» A toutes leurs questions, pour ne pas nous trahir,
» Gardez bien le silence et laissez vous punir. »
Tels furent les conseils de quelques imbéciles,
Que leur oisiveté rend souvent indociles,
Et qui, pour dominer par un moyen brutal,
Se moquent des prisons comme de l'hôpital.

Devaient-ils commander ces ignobles parades
Pour mieux livrer aux lois leurs meilleurs camarades ?
Quand de ceux-ci , plus francs , la modération
Les a tous exemptés de la punition ?
Non ! tous doivent blâmer leur injuste conduite,
Et s'ils ont triomphé, qu'ils redoutent la suite,
Car nul doute qu'un jour, auteurs de nos revers,
Ils ne viennent payer le fruit de leurs travers.

CHANT VII.

La Déception.

La chose en était là, que j'ignorais encore
Ce conflit douloureux qu'en vain mon cœur déplore,
Lorsque vinrent chez moi deux garçons boulangers,
Dont figures et noms m'étaient fort étrangers ;
Alors l'un deux me dit avec certain usage :
« Nous venons vous trouver pour nous faire un ouvrage ;
» Il faut dresser le plan d'une société
» Pour le corps de l'état que vous avez quitté. »
J'acceptai, par malheur, et fis un préambule
Pour en donner lecture au conciliabule ;
Je dois cependant dire, en traitant mon sujet,
Que cet écrit n'était rien autre qu'un projet.
Dès-lors, le lendemain, jour pour moi trop sinistre,
Afin de le copier je reçus un registre,
Et fus soudain forcé d'insérer, comme actif,
Le traité convenu sous le nom de tarif.

J'observai que ce mot était inadmissible,
Mais pour le retrancher tout parut impossible;
Car c'était le seul but de la convention
Que j'eus droit de nommer délimitation.
Un léger changement fut encor mon ouvrage :
J'y défendais surtout de faire aucun outrage
A qui ne voudrait pas ce tarif résolu.
Chacun y consentit; mais on aurait voulu
Qu'on laissât le travail aux raisons de tout maître
Qui se refuserait à ne vouloir l'admettre.
Sur ce point je raisonne, et chaque homme séduit
Veut qu'on fasse un levain ou qu'on passe la nuit.
Ce succès obtenu faisait tout mon délice,
J'avais sauvé le corps d'un affreux précipice,
Et quoique assujéti comme rétribué,
Aux besoins du public j'avais contribué.
A peine eus-je fini toutes mes écritures,
Que ce livre portait quatre cents signatures,
Et tous ceux qui signaient, voyant le cas urgent,
Pour les plus malheureux apportaient leur argent.
A tous ceux qui venaient on commandait le calme,
Et ce nouveau projet eut obtenu la palme,
Si le félon cité, devenant engeoleur,
Ne l'eut porté soudain chez certain contrôleur;
Celui-ci médita toute la conséquence
Qui pouvait résulter des lois de la prudence,
Et du nouvel écrit en cherchant le trépas,
Prévint secrètement ceux qui n'en voulaient pas.
Les maîtres boulangers, instruits de ce système,
Rêvèrent à résoudre un aussi grand problème,
Et pour en terminer, de sots marchands de pain
Signèrent leur refus du jour au lendemain.
Qui décidait ainsi la question du salaire?
C'était un ex-commis, un ex-clerc de notaire,
Un certain menuisier..... ce trio d'ignorans,
(Bons, dans le mélodrame, à jouer les tyrans),

Triômphaient dans ce jour, guidés par l'hyperbole,
Comme ils faisaient jadis dans les eaux du Pactole;
Enfin, pour tout conclure, ils décidèrent bien
Qu'aux garçons boulangers ils n'accorderaient rien.
Ainsi délibéré, vîte une circulaire
Annonçait aux bourgeois l'article du salaire,
Et mandait à chacun de n'être pas si fou
D'écouter leurs garçons pour les monter d'un sou.
Tandis que ces messieurs transmettaient ce message,
Les ouvriers, contre eux, prenaient un parti sage;
Leur projet fut transcrit; extrait en fut porté
Chez celui qui les tient sous son autorité.
Par ce moyen légal, ils se croyaient tranquilles,
Leur futur avenir les rendait plus dociles,
Et chacun fut joyeux, lorsque, sans passion,
On leur dit de nommer une commission;
Elle aurait, disait-on, des droits parlementaires
Où les bourgeois comme eux auraient leurs mandataires;
On devait s'aboucher, oubliant les mépris,
Et transiger en paix sur la question des prix.
Tout bureau de placeur devait nommer un homme
Jouissant d'un talent que le passé renomme,
Et cette élection de la majorité,
Avec tous ces messieurs devait faire un traité.
Treize membres formaient cette juste ambassade,
Et lui faisant jouer la plus triste parade,
Devaient-ils, sagement, pour la mettre aux abois,
Leur faire rencontrer *un visage de bois?*
Quoi! s'absenter exprès le jour d'une séance,
Croyant avoir le droit d'agir par préséance!
Quand le jour est donné! qu'on a pris rendez-vous!
C'est manquer aux égards pour servir son courroux.
Un trait encor plus noir, ce fut cette exigence
D'obtenir un écrit pour servir leur vengeance,
De se constituer par un procès-verbal,
Pour le livrer ensuite ès-mains du tribunal;

Mais de ces orgueilleux revenons à l'absence :
Ils croyaient de nos droits avoir détruit l'essence,
Rebuter les esprits, inspirer le dégoût !...
Mais, non ! il n'en fut rien. Poursuivons jusqu'au bout :
Que fit la commission, n'ayant trouvé personne ?
(La stupéfaction fait que chacun raisonne),
Elle conclut alors à l'unanimité ,
Qu'il fallait porter plainte et voir l'autorité ;
C'est ce qu'on fit alors; la plainte fut écrite,
Approuvée et signée, et remise de suite ;
Celui qui la reçut, leur faisant bon accueil ,
Les vengeait de l'affront que leur faisait l'orgueil.
-Le magistrat, dès-lors, fâché comme on peut l'être,
Leur remet à l'instant une pressante lettre
Qui convoquait ces gens dans le délai d'un jour ,
Réservant leur défaut pour sévir à son tour,
Et pour mieux les forcer à venir s'y soumettre, .
On la remit au chef qui devait leur transmettre ;
Enfin, dans son envoi pour n'être pas déçu,
On exigea de lui qu'il en donnât reçu.
Arrive enfin ce jour de sinistre mémoire
Que la postérité doit transmettre à l'histoire,
Où de grands orateurs, en face des garçons,
Expliquaient leurs discours de toutes les façons.
L'un voyait dans le fait une chose impossible .
L'autre, à tous les malheurs paraissait insensible,
Et le grand orateur, en homme officieux,
S'aveuglant sur le mal trouvait le tout au mieux ;
Cependant deux garçons qui jadis étaient maîtres,
Et que par des soupçons on a cité pour traîtres,
Observaient leurs raisons; ils allaient triompher
Lorsque le dictateur, pour les apostropher,
Exhumant du passé le souvenir trop triste,
Du nombre des présens diminua la liste,
Et ces hommes blessés sur le point de l'honneur ,
Sortirent de ces lieux où régnait l'impudeur.

Le reste des présens, stupéfaits de l'outrage,
A défendre leurs droits perdaient tout leur courage ;
On saisit ce moment, on parla de périls,
De sabre et bayonnette et de coup de fusils ;
C'est ainsi, qu'effrayés d'aussi vîles menaces,
Pour se retirer tous, ils quittèrent leurs places,
Et l'on voulait encor qu'ils signent sans aveux
L'impossibilité d'avoir rempli leurs vœux.
Tel fut le résultat, la déplorable issue
Que laissa, dans ce jour, cette triste entrevue,
Où des hommes, en proie au sordide intérêt,
Avaient, sur l'avenir, prononcé leur arrêt.
C'est de ce rendez-vous, œuvre d'obéissance,
Que leur haine a montré sa force et sa puissance,
Et c'est depuis ce temps que, modernes Crésus,
Ils suivent les leçons de leur *anti-Jésus*.
Qu'il devait être heureux ce fier et grand prophète !
Chaque punition lui donnait une fête ;
L'esclave est à ses pieds, l'orgueil est sur son front,
Avec la force en main, il ne craint pas l'affront.
Quel changement subit et quelle différence,
Avec ce magistrat rempli de déférence,
Disant, deux jours plutôt, avec moins d'embarras :
« Aux maîtres leur argent, aux ouvriers leurs bras ;
» Il n'en est pas ici, tout comme aux bords du Tibre,
» Le maître et l'ouvrier, chacun des deux est libre,
» L'un d'augmenter ses prix, l'autre de travailler ;
» Tâchez d'être d'accord pour ne rien embrouiller. »
Sortant de son hôtel, chacun fit son éloge,
Du récit qu'on m'a fait en rien je ne déroge,
Aussi le lendemain, pour répondre aux questions,
J'augmentai de ces vers mes faibles productions :

> *Vivez ou de maigre ou de gras,*
> *Restez ou prenez votre course,*
> *Le maître est libre de sa bourse,*
> *Comme l'ouvrier de ses bras.*

Pour Paris il me faut du pain,
Le maître y risque sa boutique,
Et la prison est sans replique
Pour celui qui fera du train.

Cet avis fort prudent, dont chacun eut copie,
Plongea dans le sommeil la rumeur assoupie;
Mais la rupture alors éveillant le courroux,
Le faisant oublier, leur fit voir les verroux.
Maints esprits échauffés, brisant tous les obstacles,
Me laissaient entrevoir quelques hideux spectacles,
Et pour fuir tout délit avec le plus grand soin,
Je quittai mon emploi pour un autre besoin.
Les membres du bureau, sans déguiser leurs craintes,
Tremblaient que sur leur compte on fit tomber des plaintes.
Pour s'en mettre à l'abri, toute la commission.
A qui l'autorisait donna sa démission;
Je la signai soudain comme étant secrétaire,
Convaincu que l'écrit était très-salutaire;
Qu'à défaut de succès pour faire son devoir,
On doit céder sa place et la rendre au pouvoir.
Mais le prépondérant de ce groupe d'ineptes,
Voyant filer ses droits et périr ses préceptes,
De colère animé, se creusa le cerveau,
Afin de se venger par un moyen nouveau;
Comme il avait été témoin auriculaire,
Son courroux éclata dans une circulaire,
Et mit en parallèle un grand traître oublié,
Avec cet orateur qui l'avait décrié.
Cette comparaison blessa fort le grand homme,
Et de désirs méchans n'étant pas économe,
Sévit avec ardeur jusqu'à satiété,
Pour rompre l'harmonie et la société.
On avait cependant, sans la moindre arrogance,
Tout prévu, tout mûri, tout fait avec prudence;
Le tarif déplaisait.... on l'avait annulé,
Et pour mieux éviter un simple démélé,

Un tableau figuré de cinq catégories
Fixait les anciens prix dans les boulangeries;
Mais c'était inutile, ils avaient arrêté
Qu'ils devaient rester sourds au cri d'humanité :
On transmit leur refus à ceux dont l'impatience
Avait, par des soupçons, douté de leur conscience,
Et ce compte rendu d'un manque de succès,
En réveillant le mal fut cause du procès.
Du mauvais résultat naquit l'effervescence,
L'ignorance et l'erreur causèrent la démence,
Et du mal qui fut fait en voyant les rapports,
L'autorité survint pour corriger les torts.
Pour ces tristes écarts on me fit apparaître,
Et l'on prétendait là que je devais connaître
Au moins trente délits que l'on fit en mon nom,
Et qui m'avaient donné le plus fâcheux renom.
Ignorant ces méfaits, jugez quelle surprise !
M'avoir nommé le chef d'une telle entreprise!!..
C'était blesser mes mœurs d'user de ce moyen,
Lorsque de leurs travers je ne connaissais rien.
Sur ces faits dégoûtans mon organe s'explique,
Déduisant mes raisons, on me fit la réplique :
« Vous êtes innocent; mais aussi dès demain
» On vous arrête..... si vous y prêtez la main. »
Je n'avais point paru depuis que la rupture
Avait, du rendez-vous, fait changer la nature;
Il me fut très-facile, en jurant sur l'honneur,
De promettre et tenir ce que voulait mon cœur :
Un besoin d'intérêt m'appelait en campagne,
Et soudain je partis visiter la Champagne;
J'ignore, en mon absence, où fut la trahison,
Mais je sais qu'au retour on me mit en prison.

CHANT VIII.

Si j'en crois les récits d'un homme très-fidèle
Et dont la loyauté peut passer pour modèle,
Les garçons, en voyant tout leur espoir détruit,
Reprirent le courroux qui les avait séduit.
Leur murmure éclata ; le défaut de lumière
Prétendait accuser la commission première ,
Et pour connaître au fond ce qui s'était passé ,
De suite on remplaça qui l'avait délaissé.
Les candidats nommés , qui désiraient s'instruire,
Étaient loin de penser qu'ils allaient tout détruire ,
Que d'un grand mal futur ils seraient les auteurs,
Lorsque leur but était d'être médiateurs.
Déjà tous les garçons brûlaient de cette envie ,
Qui satisfait le cœur... c'est de gagner sa vie :
Quand des gindres prudens , amis du bien public ,
Donnèrent rendez-vous à tel et tel syndic.
Chacun d'eux l'accepta promettant de s'y rendre ,
(Quoique bien décidés à ne pas les entendre)
Pour mieux épiloguer leurs discours ambigus
Et les frapper ensuite avec des traits aigus.
Ces gindres dévoués, pleins d'ardeur et de zèle ,
Voulant au tems passé donner un parallèle,
Dirent avec douceur afin d'être compris :
« Pour être tous d'accord... rendez les anciens prix. »
Muets à ce discours, ces fils de l'opulence,
En cherchant maints détours, rompirent le silence,
Et pour dernier refrain , ont dit sur la question :
« Nous n'accorderons rien... qu'il n'en soit plus mention. »
A ce ferme refus qui chassait l'espérance
Qu'avait chaque ouvrier de voir fuir sa souffrance ;

L'un des représentans de ce corps malheureux,
Crut devoir leur donner cet avis douloureux :
« Puisqu'il le faut, Messieurs, nous vous rendons les armes,
» Mais craignez d'exciter de trop vives alarmes,
» Les garçons sur ce point n'entendront pas raison,
» Ils peuvent s'exalter, quitter votre maison,
» Déclarer le faux poids... mettre en rumeur la ville...
» Il en est quelques-uns dont l'âme est incivile,
» Et si de leurs courroux survenaient des rigueurs,
» *Ne nous accusez pas d'en être les moteurs.* »
Voilà ce que disait l'ami de la prudence
Aux êtres endurcis qui rêvaient la vengeance,
Et, tartufes rusés, ils changèrent soudain
Cet avis en menace et l'honneur en dédain.
Quoi! donner un avis c'est faire une menace !...
Prévenir le danger c'est provoquer l'audace !...
Quoi ! par l'ambiguité du plus juste entretien
Substituer le mal à la place du bien !
Ah !.. c'est pousser trop loin l'orgueil et l'impudence
Pour engager Thémis à saisir sa balance,
Et s'ils avaient l'esprit des hôtes infernaux,
Devaient-ils le montrer devant les tribunaux!
Hélas ! si leur vengeance a fait bonne récolte,
C'est qu'ils ont déclaré la raison en révolte,
Car sans l'effet cruel des récits surchargés,
(OEuvre de passion commune aux enragés)
L'ouvrier n'aurait pas, dans un mal qu'il déplore,
Vu s'ouvrir la prison et la boîte à Pandore,
Et des maux qu'il ressent pour un loin avenir,
Il n'aurait point au cœur ce triste souvenir.
Essayons de prouver la grande effervescence
Qui fit tant de fracas sans avoir d'importance ;
Écoutons ce grand bruit, ces effroyables cris
Qui devaient, disait-on, révolter tout Paris.
D'abord quelques garçons dans un état d'ivresse,
D'autres rétribués pour parler de détresse,

Un groupe de félons n'agissant qu'en secret,
Et les premiers moteurs affectant du regret ;
Puis ajoutez encore une masse crédule,
Tremblante au seul aspect de la moindre cédule,
Vous aurez au complet toutes les quantités
Que formaient en ce jour les nombreux révoltés.
Comme je vous l'ai dit, une secrète agence
Séduisait les plus niais, leur prônant la vengeance,
Et maint dupe exalté, pour avoir du succès,
Se livrait sans dégoût à de tristes excès.
Un groupe exaspéré prétendait sans réplique
Qu'il fallait le tarif ou quitter la boutique,
Et pour y parvenir beaucoup plus promptement,
Au désir de frapper y joignait le serment.
Mais, soit dit en passant, il est juste de dire
Que ce nouveau tarif ne pouvait se maudire ;
Car les cinq prix marqués par leur combinaison
Ne pouvaient effrayer qu'un maître sans raison.
La liberté dès-lors n'étant plus que chimère,
Donnait à la licence une vie éphémère,
Et le droit qu'on prenait d'envahir ou frapper,
N'en effraya pas moins ceux qu'on voulait duper.
Qui croirait qu'en ces jours, un certain utopiste
Vous donnait deux garçons pour vous suivre à la piste,
Afin d'être témoin de l'aveu d'un bourgeois,
Qu'il consentait à tout,... n'importe de quels droits !
Je le dis franchement, c'était de l'arbitraire,
Et beaucoup d'ouvriers n'ont pas dit le contraire ;
Mais aussi les plus fiers nous donnent-ils des torts,
Puisqu'ils n'ont d'autres lois que celles des plus forts.
Revenons à l'orgueil, à la force brutale
Qui devait à la faim livrer la capitale !!!
Et voyons si la ruse, avec Machiavel,
N'avait point arrêté leur projet criminel.
Les traîtres des garçons parlant de plans superbes,
L'emportaient sur tous points par leurs discours acerbes,

Et pour perdre les leurs avec bien plus d'éclat,
Ils n'en voulaient finir que par un coup d'état.
Aux procédés honteux qui guidaient leur carrière,
Ils s'étaient écrié: « Courons a la barrière !
« *Et c'est là que, contraints d'accepter nos raisons,*
» *Les syndics vont se rendre et signer nos liaisons.* »
A ce bruit qui circule, aussitôt on s'empresse
De se rendre en ce lieu pour calmer sa détresse,
Et, jaloux qu'on était de sortir du bourbier,
Chacun brûlait à part d'arriver le premier.
Enfin le rendez-vous très-complet dans sa masse,
A plus d'un assistant fit faire la grimace ;
Lorsqu'il voyait les fonds destinés au secours,
Servir pour arroser de maigrelets discours.
« Eh quoi ! se disait un qui craignait le séquestre,
» Que font ces orateurs au milieu de l'orchestre ?
» Ils babillent beaucoup, nous promettant le bien ;
» Où sont donc leurs talens ? ils ne finissent rien !
» Bah ! répondait un autre ; entendant la finale,
» Ils usent notre argent pour nourrir la cabale ;
» Et quand tout manquera, boutique, argent, travail,
» Nous tomberons en gros sans fléchir en détail.
» Tous vos contes sont bons, ajoutait un troisième,
» Et le plus fin d'ici n'est qu'un vrai Nicodème,
» Car le piège est tendu, c'est pour nous *enfoncer*
» Qu'on nous a fait venir,... et l'on veut nous *crosser !*
» Où sont les beaux esprits, qui, se riant des troupes,
» Ordonnaient la sottise en dirigeant les groupes !
» On ne voit ni syndics, ni ces instigateurs...
» Nous aurait-on dupés ?... où sont les directeurs ? »
A peine eut-il fini, que pour le satisfaire
On vit entrer la garde avec le commissaire,
Et ce dernier, paisible, usant de bonne foi,
Les engagea soudain d'obéir à la loi ;
C'est-à-dire, en deux mots, qu'il leur montrait la porte,
Leur disant poliment : « il faut que chacun sorte ;

» Mais avant de partir, dites quels sont vos chefs,
» Je serai bien plus doux pour citer vos griefs . »
« Il n'en existe aucun, (lui répond l'assemblée,
» Qui ne faisait qu'un cri, sans paraître troublée)
» Tout chacun est coupable, on peut nous garder tous,
» Est-ce pour la prison? eh bien! emmenez-nous ! »
Debout sur une table, et la face animée,
Un gas tenait en main la chandelle allumée,
Et sa voix de stentor, ayant pris maints *gorgeons*,
Fit entendre ces mots : Camarades, chargeons !
Sur l'hostile propos, pour faire place nette,
Soudain la troupe entra croisant la bayonnette,
Et se garant des coups, tous les pauvres vaincus
Cassèrent table et bancs pour au moins vingt écus.
On en prit sept alors qu'on crut les plus coupables,
Et qui, sur l'apparence avait l'air plus capables ;
On les mit en prison ; mais au lieu de syndic,
On leur apprit ces mots : Ministère public !
Les autres retournaient dans un morne silence,
En redoutant les coups du sabre ou de la lance ;
Les grecs leur avait dit, ils était prévenus,
Mais par leur modestie ils sont tous revenus.
Tel fut le coup mortel du reste de la caisse !
La ressource et le plan étaient tombés en baisse,
Et les pauvres garcons virent là comme ailleurs
Que les grands conseilleurs ne sont pas les payeurs.

CHANT IX.

Le Coup de Filet.

J'ai cité, des moteurs la froide et lâche absence,
De leurs dupes craintifs la faible obéissance ;

De quelques orateurs la sotte ambition...
Du commissaire, enfin, la modération :
Qu'en est-il résulté ? que le choc de la veille
Avait bien, pour l'instant, mis la puce à l'oreille ;
Mais que, foulant aux pieds la panique terreur,
On voulait réussir, montrant plus de vigueur.
Déjà, dès le matin, des têtes sans cervelle,
Indiquaient, pour finir, une marche nouvelle,
Et la réflexion de leur esprit ginguet
Avait, pour nouveau plan, donné le mot du guet.
« Comment ! leur disait-on, vous faites la sottise
» De vous réunir tous comme on fait à l'église !
» Ne saviez-vous donc pas qu'un article des lois
» Défend de se trouver plus de vingt à la fois ?
Chacun est stupéfait, dans sa grande ignorance,
Sur un nouveau projet fonde son espérance ;
Et questionnant celui qu'il croit le plus rusé,
Croit en ses beaux discours lorsqu'il est abusé.
Maints discoureurs alors, pleins du jus de la vigne,
Réchauffent les esprits en donnant leur consigne,
Et certains du triomphe en faveur des garçons,
Leur donnèrent soudain ces trompeuses leçons :
« Vous êtes des poltrons et des hommes de paille :
» Retournez débaucher l'ouvrier qui travaille
» Et s'il ne consent pas à soutenir nos droits,
» Contraignez par la force et soyez plus adroits.
» Le lieu du rendez-vous est toujours Mont-Parnasse,
» Gardez-vous bien surtout d'être en la même place,
» Mettez-vous cinq ou six, et dans les cabarets,
» Pour nous voir arriver faites bien les furets.
» Si vous désirez tous voir triompher la cause,
» Parcourez tout Paris sans y faire une pause,
» Et nous garantissons qu'avant qu'il soit demain,
» Un maître, sur les prix deviendra plus humain. »
Tels furent les discours et les avis perfides
Donnés par des méchans à des hommes stupides,

Et qui, trop confians en des fourbes payés,
Dans l'abîme des maux se trouvèrent noyés.
Pour imiter la veille, on explore la ville,
D'autorité l'on entre en quelque domicile ;
On s'abouche, on menace et l'on n'épargne rien
Pour passer, en tous lieux, pour ivrogne ou vaurien ;
Mais tandis que les sots invectivaient les maîtres,
Savez-vous des garçons ce que faisaient les traîtres ?
Des hommes égarés qui suivaient leurs conseils
Ils dénonçaient les torts comme étant sans pareils.
Enfin arrive l'heure, et chacun à sa guise,
(Ignorant un projet qu'avec soin l'on déguise),
Court vers le rendez-vous avec l'heureux espoir
Que ce qu'on exigeait on l'obtiendrait le soir.
Déjà les cabarets de ces hôtes s'emplissent,
Et quand le vin abonde et qu'ils se réjouissent,
Arrive en maint endroit certain avant-coureur
Qui dessille leurs yeux et sème la terreur.
En effet, de leurs rangs une secte servile
Avait vendu le plan à maints sergens de ville,
Et ceux-ci, par devoir, se rendant plus nombreux,
Pour empêcher le mal accouraient en ces lieux.
Les principaux acteurs n'étaient pas sur la scène !
Ils fuyaient le danger dans un plaisir obscène,
Et contens et joyeux de les avoir vendus,
Devenaient satisfaits s'ils étaient tous perdus.
En cet instant fatal on bloque Mont-Parnasse,
Où, pour les arrêter la troupe arrive en masse :
Dix mille en ce moment cernent les alentours,
Ayant soin d'envahir tous les nombreux détours.
Dans tous les cabarets on prend ceux qui s'y trouvent,
Qu'importe leurs raisons, aucuns ne les approuvent :
Ils demandent faveur au milieu des dangers,
Mais on n'écoute rien lorsqu'ils sont boulangers.
Déjà quelques fuyards s'éloignaient dans la plaine,
S'efforçant de courir, ils y perdaient haleine.

Inutiles efforts ! la course des chevaux
Arrête leurs desseins et trouble leurs cerveaux.
Alors, désenivrés d'une trompeuse amorce,
Ils confessent leurs torts et cèdent à la force,
Et, tremblant à l'aspect de lance ou pistolet,
On les prit en ce jour d'un seul *coup de filet*.
C'est là que deux à deux, et marchant en colonne,
La troupe les escorte, et près d'eux s'échelonne,
Et c'est ainsi que pris et repris en tous sens,
On en mit en prison entre deux et trois cents !
Le public enchanté, suivant cette capture,
L'escorta fort gaiement jusqu'à la Préfecture,
Et c'est-là, qu'entassés dans l'un de ses dépôts,
Le mal sans instrument fit trouver le repos,
Victimes de l'erreur et de la flatterie,
Pour eux, des maux futurs commençait la série,
Et lançant leur esprit dans un vague avenir,
Laissait à leurs regrets un affreux souvenir.
Certain nombre énivrés du souverain breuvage,
Prédisaient aux craintifs la mort ou l'esclavage,
Et déjà, l'un d'entre eux, parmi les innocens,
Pleurait amèrement sa femme et ses enfans :
L'autre réfléchissait sur quelques imprudences
Qu'il avait pu commettre en quelques résidences,
Et pour mieux s'éblouir sur un noir résultat,
Riait, buvait, fumait, maudissant son état,
Quelques uns en courroux, s'accablant de reproches,
Privés de tous secours, n'avaient rien dans leurs poches,
Et d'autres mal vêtus pour passer leur hiver,
Pour terminer leurs jours invoquaient Lucifer.
Tel était le tableau que présentait ce nombre
Dont l'espoir enchanteur était perdu dans l'ombre,
Qui, craignant la lenteur de la prévention,
Aspirait au bonheur de voir l'instruction.
Elle eut lieu promptement, et je dois rendre hommage
Aux magistrats chargés de ce pénible ouvrage,

Car l'on appréciera le travail du parquet,
Quand chaque prévenu portait nom, sobriquet !
Pour venir déposer, les placeurs et les maîtres
Furent tous appelés ;..... mais, parmi tous ces êtres,
Plus d'un esprit vengeur se fiant aux rapports,
Avait cité les faits dans de fougueux transports.
Des garçons, à leur tour, contre leurs camarades,
Déposèrent aussi sur d'ignobles parades ;
Mais pour bannir la haine, éviter un conflit,
Leur déposition n'obtint aucun crédit.
Sur ce point, la justice a montré sa prudence,
Faisant fuir la discorde en montrant sa clémence
Et son humanité, mettant tout au néant,
Doit procurer la paix au fourbe ou fainéant.
Hélas ! plus de trois mois écoulés dans la peine,
Ne laissaient aux réclus qu'une espérance vaine,
Lorsqu'un bruit de gaîté, dissipant la douleur,
Fait partout pressentir l'approche du bonheur.
« Liberté !... liberté !... criait-on avec joie ;
» Je l'apprends à l'instant par quelqu'un qu'on m'envoie,
» Et, si j'en crois son dire, excepté le serment,
» Aucun des boulangers ne passe en jugement. »
Du soir au lendemain chacun pétille d'aise ;
Mais on n'en fait sortir que cent soixante-treize :
On referme la porte, et poussant les verroux,
Cinquante-trois restant se livrent au courroux.
Eh ! quoi, se disait-on, les plus coupables sortent,
Et les torts qu'ils ont eus, c'est nous qui les supportent !
Silence ! leur dit-on, cet ordre est rationnel,
Car vous passerez tous par le correctionnel.

CHANT X.

La Solution.

Invocation à la Vérité.

Aimable Vérité, ta simplesse et tes charmes
A l'indigne imposture a fait rendre les armes,
Et ceux qu'elle a séduits, revenant près de toi,
N'ont plus d'autres desseins que de suivre ta loi.
A l'erreur en délire a succédé l'exemple,
Ceux qu'elle avait surpris reviennent vers ton temple,
Où l'accent de ta voix, exempt d'impureté,
Enchante le mortel qui t'avait détesté.
Si, pour te reconnaître, on te peint toute nue,
La pudeur ne veut pas que tu sois méconnue ;
Ta majesté partout a trop d'adorateurs
Pour craindre le mensonge et ses adulateurs.
Si quelques boulangers devinrent tes parjures,
Pardonne à leur faiblesse, excuse leurs injures ;
Le temps qui détruit tout sut dessiller leurs yeux,
Et ton charme a vaincu les plus audacieux.
C'est en vain que le fourbe a prôné le désordre,
Ton flambeau l'éclipsant l'a fait rentrer dans l'ordre,
Et ceux qu'il éclaira, qui parlaient en ton nom,
N'auront point à rougir du plus fatal renom,
Sectateur de tes droits, permets que je t'implore
En faveur des écarts qu'ici mon cœur déplore,
Et c'est de ta bonté, mère de la vertu,
Que j'atttends le pardon pour qui t'a combattu.

Hommage à l'Espérance.

Reçois mon juste encens ! ô divine Espérance,
Il n'est que ton appui pour bannir la souffrance,

Parles à la raison contre ces cabaleurs
Qui soutiennent les droits des grands monopoleurs.
Du vieil ordre au présent peux-tu faire méprise ?
Que t'importe le mot MONOPOLE ou MAÎTRISE
Si le bon travailleur économe et loyal
Est écarté par eux de tout bienfait social.
Peux-tu voir notre état grossi par des ineptes
(Ne possédant, sur lui, ni talens, ni préceptes),
Exiger l'impossible, et par mainte agression ,
S'enrichir aux dépens de notre profession !
D'un maître du métier si parfois la colère
Observe avec chaleur l'ouvrage ou le salaire,
Du moins il s'y connaît... C'est alors un plaisir
De lui parler justice et plaire à son désir.
Divinité chérie ! anime notre attente !
Un seul de tes regards calme notre tourmente,
Et si la patience imite tes bienfaits,
De vos divins secours nous serons satisfaits.
Puisse le monopole, enfant né d'un vieux cuistre,
Succomber par le soin de quelque bon ministre,
Et sans l'égalité, de l'or et du savoir,
Rivaliser au mieux pour remplir son devoir !

Ma Profession de Foi.

Bien loin de censurer les beaux droits du commerce,
J'aime à flatter le gôut de celui qui l'exerce ;
Mais pour les ignorans, crasseux et malotrus,
J'invoque le mépris à chasser ces intrus.
Je sais qu'ils me diront : « Pour tromper votre attente,
» Nous vous résisterons en payant la patente,
» Libre à vous d'en user en vrai spéculateur,
» Le riche envers le pauvre est toujours son tuteur. »
Soit ; mais convenez-en , faut-il de l'arrogance
Lorsqu'on veut commander ?... c'est une manigance ;
Le maître est mieux servi, toujours mieux respecté,
Si dans ce qu'il ordonne on voit l'urbanité.

Le commerce, il est vrai, veut des soins et des veilles;
On n'y fait pas toujours de brillantes merveilles,
Et la perte qu'on fait, en changeant notre humeur,
Nous rend parfois maussade, ennuyeux et grondeur;
Mais le pauvre ouvrier, faible en philosophie,
Doit-il être content quand on le mortifie?
Non. Son sort dans ce cas exige plus d'égards,
En les lui prodiguant, il fuit de grands écarts.
Sans me constituer en savant pédagogue,
J'explique ce que j'aime en flattant l'épilogue;
Mais si, par la satire, on chasse les abus,
En décochant ses traits, j'y joindrai mes rébus.

Mon plus vif Désir.

J'ai peint du boulanger le travail trop pénible,
Et pour changer son sort ma plume est disponible;
Mais le principal point qui m'a toujours touché,
C'est en pensant au lit où chaque homme est couché.
J'en appelle à vos cœurs, fils de la bienfaisance !
Doit-on leur refuser une plus douce aisance,
Et serait-ce mal faire envers l'humanité
De réclamer ce soin près de l'autorité ?
Point n'est ici besoin de complot ni d'intrigue,
L'erreur nous a fait voir ce que c'est qu'une ligue;
Mais avec le bon droit et sans coalition,
On pourrait l'obtenir par une pétition.
En suivant de nos lois la marche régulière,
Rendez votre présence en tout lieu familière...
Le respect, la décence, étouffant les débats,
Feront, par leur empire, éclipser les grabats.
Ah ! qu'il serait charmant, et pour vous, et pour moi,
Si ces lits de repos présentaient moins d'effroi !
Et si, par mon secours et mon faible moyen,
Je détruisais le mal pour vous donner du bien !
Puisse mon simple avis, devenant salutaire,
Leur procurer l'air pur d'un local sanitaire,

Et d'un plus doux repos leur donner le plaisir.....
C'est mon ambition et mon plus vif désir.

Le Rémède au Mal.

Puisqu'un fait avéré n'est point une chimère,
Pourquoi sur maint placeur faire une plainte amère ?
Qui paye la boutique ?... est-ce bien le garçon ?.
Eh bien ! s'il est dupé, ce n'est qu'une leçon.
Ne peut-il le changer, s'il lui faut une place ?
Craint-il que ce placeur lui fasse la grimace.
Qu'a-t-il à redouter de cet écornifleur ?
Rien..... lorsque l'ouvrier pour l'état a du cœur.
Je sais que des garçons, imbus de méfiance,
Diront : « Auquel de tous donner la confiance ?
» Nous avons déjà pris celui-ci, celui-là,
» Et nous tombions toujours de Carybde en Scylla. »
Je ne sais si ce dire aurait de l'importance,
Le passé, je crois bien, en dictait la sentence ;
Mais pourquoi tout frapper sans en distraire aucun ?
Tous ne sont pas trompeurs.... dût-on n'en trouver qu'un.
Sur la cupidité de ces hommes avares
Il existe des faits qui vraiment sont très-rares ;
Mais ont-ils toujours tort ?... Il faut mieux raisonner :
Ils prennent quand des sots veulent bien leur donner.
Voulez-vous innover sur leurs ruineux systèmes ?
Faites-leur vos adieux et placez-vous vous-mêmes ;
Avec des écrivains et quelques bordereaux,
Installez à vos frais trois ou quatre bureaux.

Le Conseil Salutaire.

Quel que soit le motif, le besoin ou l'urgence,
Se réunir en masse est vraiment imprudence,
Par le fait trop certain qu'en de bruyans débats,
On ne sait ce qu'on veut puisqu'on ne s'entend pas.
Admettons un moment que dans quelques boutiques,
La faiblesse du gain méritait des critiques ;

Mais l'honnête bourgeois, prudent et libéral
Devait-il être mis dans ce plan général ?
Si deux tiers paient bien, que l'autre tiers nous frustre,
A l'égard des premiers doit-on agir en rustre ?...
D'un tarif estropié par précipitation,
Faut-il contraindre un maître à diminution ?
Cela ne se pouvait, et ce calcul inerte,
Qui, pour complaire à l'un, livrait l'autre à la perte,
Fixa les ouvriers qui, gardant leurs travaux,
Dans les régulateurs ne voyaient que rivaux.
C'est alors que le schisme, arborant sa bannière,
Foudroya, d'un seul coup, le plan de la barrière ;
Et divisant ainsi le nombre des acteurs,
Fit déserter des rangs les principaux moteurs.
Amis, à l'avenir fuyez ces incartades,
Pour ne pas être pris dans quelques embuscades ;
Car c'est par la raison, la paix et le sang-froid,
Qu'un avare attendri fléchit devant le droit.

Réflexion Tardive.

Celui qui veut abattre un projet gigantesque,
Dont l'esprit fastidieux se rattache au burlesque,
S'expose, en se livrant comme médiateur,
A passer pour son chef ou son agent-moteur.
C'est ce qui m'arriva dans ce triste intermède,
Où je voulais au mal apporter un remède ;
Mais loin de réussir en invoquant la paix,
On fit, à mon insçu, des écarts que je hais.
Je sais que sans l'erreur, l'ivresse et l'ignorance,
On n'aurait pas suivi l'odieuse intolérance ;
Mais je sais bien encor que des maîtres peureux
Ont cru, par la rigueur, se rendre plus heureux.
Bien qu'on pouvait blâmer une marche insolite,
Qui perdait chaque jour son nouveau prosélyte ;
Mais l'huile qu'on répand pour arrêter le feu,
Ne laisse pas l'espoir qu'il s'éteindra sous peu.

Ce n'est que la douceur et non le tintamarre
Qui ramène au bon sens tout esprit qui s'égare,
Et le plus beau moyen d'obtenir du succès,
C'est de parler raison et bannir les procès.
Adoptons la morale et la philosophie,
Qui nous rendront heureux par la philanthropie,
Et par un sacrifice aux besoins actuels,
Devenons sectateurs des secours mutuels.

Avis aux Crédules.

Hélas ! que je te plains, crédulité naïve !
Un rien te fait ployer comme la sensitive,
Tu bannis les soupçons aux récits d'un trompeur,
Et son langage impur te réduit au malheur.
Pourquoi chez l'innocence établir ton domaine,
Pour la laisser périr par la gent inhumaine ?
Mais si l'imprévoyance obscurcit ton séjour,
Ne peux-tu l'expulser pour voir l'éclat du jour ?...
Cherche à fuir pour jamais sa marche ténébreuse,
Que grossit des méchans la cohorte nombreuse,
Et réfléchis soudain aux malheurs du passé,
Pour éloigner de toi le fourbe et l'insensé.
Mère du repentir !!! ton fils te livre au blâme,
Quand l'insigne mensonge a captivé ton âme,
Et, fuyant la faiblesse et la modération,
Il te quitte et se livre à la réflexion.
Le garçon boulanger que ton pouvoir assiége,
N'écoutant que ta voix, s'est laissé prendre au piége ;
Mais si de vains regrets ne sont plus dans son cœur,
C'est que l'expérience a séduit ton vainqueur.
Amis, sur maints récits devenez moins crédules,
Les trompeurs contre vous dirigent leurs férules,
Et s'ils peuvent dompter le faible esprit des sots,
Ces derniers subiront de terribles assauts.

A la Reconnaissance.

Cœurs sensibles et bons , recevez mon hommage ;
Fils de l'humanité , vous aimez son image ,
Et vos soins généreux , vos actes de bonté
Ont soulagé la peine et la captivité.
Que votre bel exemple augmente votre secte ,
S'il fallait au malheur refaire une collecte ,
Car celles que l'on fit au nom des prisonniers ,
Paralysa les sens d'imprudens nautonniers.
Et vous , hommes de loi , versés dans la science ,
Combien de pureté dans votre conscience !
En voyant des réclus , par un noble concours ,
Vous livrez vos talens pour leur porter secours !
Au sein d'une prison vous voyez la misère ,
Vous prenez en pitié le sort du pauvre hère ,
Et sans vous enquérir de sa position ,
Vous êtes défenseurs sans rétribution.
Ce trait d'humanité , pour de faibles ilotes ,
Vous ont acquis le droit d'être leurs vrais pilotes.
Oui ! de votre grand art ils suivront le flambeau ,
Et leur reconnaissance ira jusqu'au tombeau.
Amis ! le mot bienfait doit échauffer vos veines ,
Chérissons pour jamais qui soulage nos peines :
Avocats bienfaiteurs et garçons généreux ,
Votre bon souvenir saura les rendre heureux.

Conclusion.

Je respecte et le juge et la chose jugée
Sans critiquer la part qui me fut adjugée ;
Mais sur un tel procès je veux citer , au moins ,
Tous les faits qu'exigeaient cent soixante témoins.
Entrait-on chez un maître avec l'air indocile ?
C'était violation de son cher domicile ,

Et s'ils voulaient parler aux garçons, en ces lieux,
Ils étaient dénoncés pour propos injurieux.
Un garçon avait-il un écrit dans sa poche ?
Le bourgeois effrayé lui faisait un reproche.
Un autre avait-il faim ? soulageant son malheur,
L'argent qu'on lui prêtait rendait conspirateur :
On disait, sans égards, en prodiguant l'insulte,
Que l'argent parvenait par un pouvoir occulte ;
Et de tous ces *cancans* maint journaliste épris,
Annonçait qu'on voulait la disette à Paris !
Qu'en est-il résulté ? la justice plus sage
N'a vu dans ces délits qu'un grand manque d'usage ;
Douze maîtres chez qui l'on commit des excès,
En firent punir *quinze* au moment du procès ;
Ajoutez *six* moteurs, *trois* pour la résistance,
Vous aurez du procès toute la consistance ;
Quinze jours à *six mois* de condamnation,
Voilà le grand complet de la punition.

Puisse l'expérience, éloignant toute haine,
Enlever aux trompeurs une espérance vaine !
Si l'on suit du bon sens les conseils et la loi,
Les maîtres, les garçons, aimeront leur emploi ;
Pour le bonheur de tous, j'invoque l'harmonie
De réduire au néant complot et félonie,
Et s'il est un avare, un méchant, un trompeur,
Fuyez-le, fuyez-le pour conserver l'honneur !

FIN.

Imprimerie de SÉTIER, rue de Grenelle St-Honoré, n. 29.

www.ingramcontent.com/pod-product-compliance
Ingram Content Group UK Ltd.
Pitfield, Milton Keynes, MK11 3LW, UK
UKHW020959220726
13924UKWH00002B/787